 # COLLECTION DE MONSIEUR Y***

*Vente du Vendredi 18 Avril 1913*

HOLE N° 1





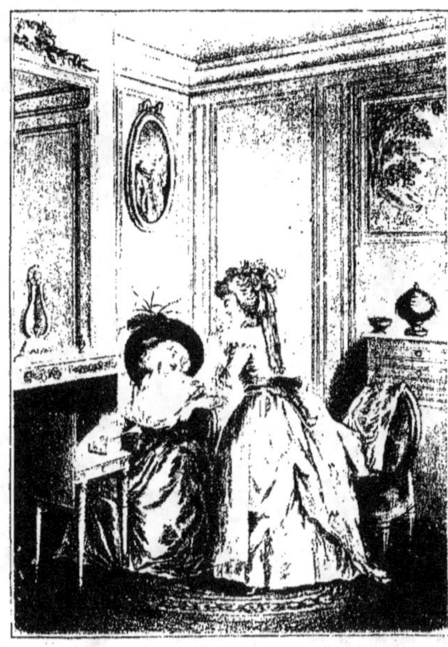

N° 73 du Catalogue

# ESTAMPES DU XVIIIᵉ SIÈCLE

## IMPRIMÉES EN COULEURS

Mᵉ ANDRÉ COUTURIER                    M. LOYS DELTEIL.

EXPOSITION PUBLIQUE, HOTEL DROUOT, SALLE N° 1
*le Jeudi 17 Avril 1913, de 2 heures à 6 heures.*

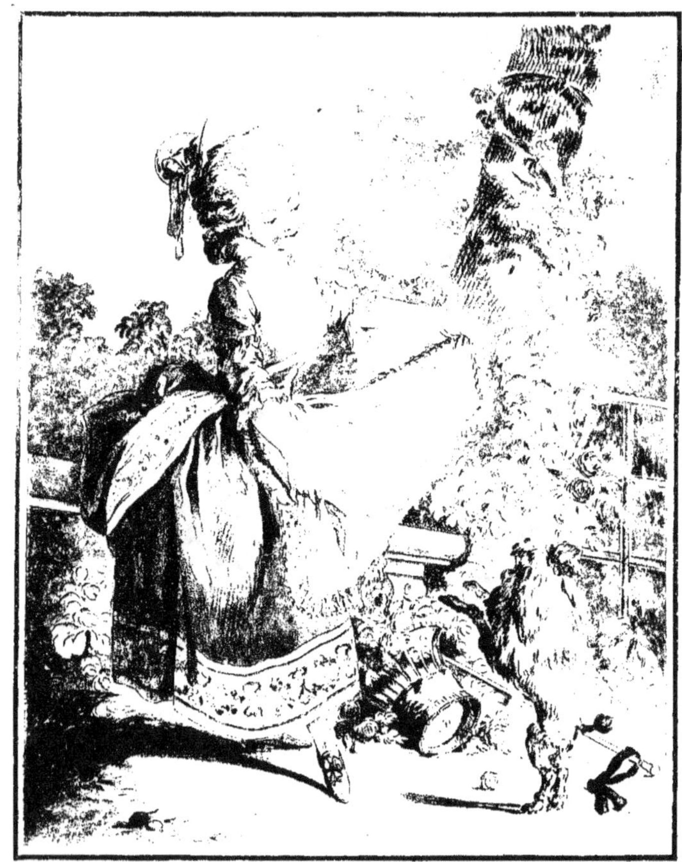

N° 66 du Catalogue

# CATALOGUE

### DES

# ESTAMPES

### DU

## XVIII<sup>e</sup> SIÈCLE

### IMPRIMÉES EN COULEURS

---

### ŒUVRES

DE

BARBIER, BONNET, CARESME, CHALLE, CHEVAUX, DESRAIS
DEMARTEAU, DUBOIS DE SAINTE-MARIE
HUET, JANINET, LAVREINCE, SAINT-AUBIN, etc.

*Dont la vente aura lieu*

## à Paris, HOTEL DROUOT, Salle N° 1

### Le Vendredi 18 Avril 1913

*à 2 heures précises*

---

Par le Ministère de M⁰ ANDRÉ COUTURIER

COMMISSAIRE-PRISEUR

*56, Rue de la Victoire, 56*

Assisté de M. LOYS DELTEIL, Graveur et Expert

*2, Rue des Beaux-Arts*

# CONDITIONS DE LA VENTE

Elle sera faite au comptant.

Les adjudicataires paieront *dix pour cent* en sus des enchères.

M. Loys Delteil remplira les commissions que voudront bien lui confier les amateurs ne pouvant y assister.

MM. les Amateurs pourront visiter la collection, 2, *rue des Beaux-Arts*, du Jeudi 10 au Mercredi 16 Avril 1913, de 2 heures à 5 heures *(le Dimanche excepté)*.

Exposition Publique, Hôtel Drouot, Salle Nº 1, *le Jeudi 17 Avril 1913, de 2 heures à 6 heures*

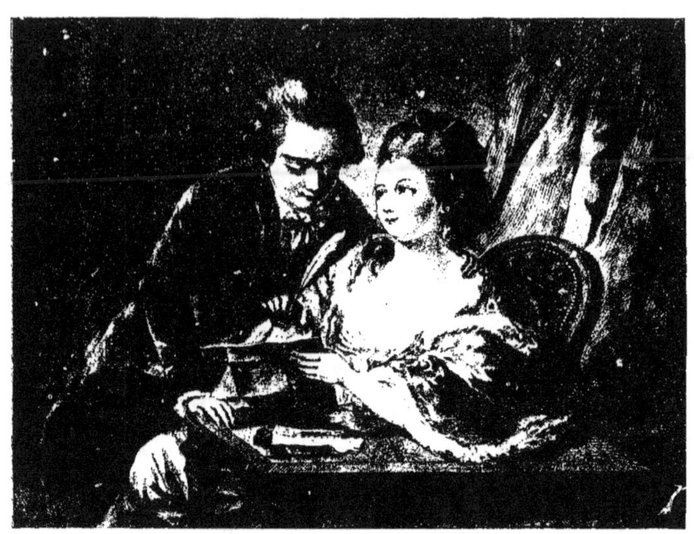

N° 6 du Catalogue

# DÉSIGNATION

---

### BARBIER (d'après)

1. Le Berger dangereux — L'Heureux Berger. Deux
pièces par Jubier, se faisant pendants. Ma-
gnifiques épreuves, *imprimées en couleurs*.

### BENWELL (d'après H.)

2. La Beauté de St James, par J. M. Mixelle. Superbe
épreuve, *imprimée en couleurs*.

## BONNET (L. Marin)

3. Profil de femme, d'après Lagrenée le jeune (n°
   200). Très belle épreuve, *tirée en 2 tons.*

4. La Cuisinière Rusé (sic). Très belle épreuve, *imprimée en couleurs.*

5. La Réflexion. De forme ovale. Très belle épreuve,
   *imprimée en couleurs.*

## BONNET JUBIER

6. La Confidence — La Méfiance. Deux pièces d'après
   Bounieu, se faisant pendants. Superbes épreuves,
   *imprimées en couleurs.*

## BOREL (d'après Ant. )

7. Le Bourgeois maltraité, par J. B. Morret. Très
   belle épreuve, *imprimée en couleurs.*

## CARESME (d'après Ph.)

8. L'Agréable exemple — L'Agréable surprise. Deux
   pièces, par Jubier, se faisant pendants. Superbes
   épreuves, *imprimées en couleurs.*

## CHALLE (d'après M. A. )

9. Le Portrait Chery, par Bonnet. Superbe épreuve,
   *imprimée en couleurs.*

10. Le Matin — L'Après Midy. Deux pièces par L. M.
    Bonnet, se faisant pendants. Magnifiques épreuves,
    *imprimées en couleurs.*

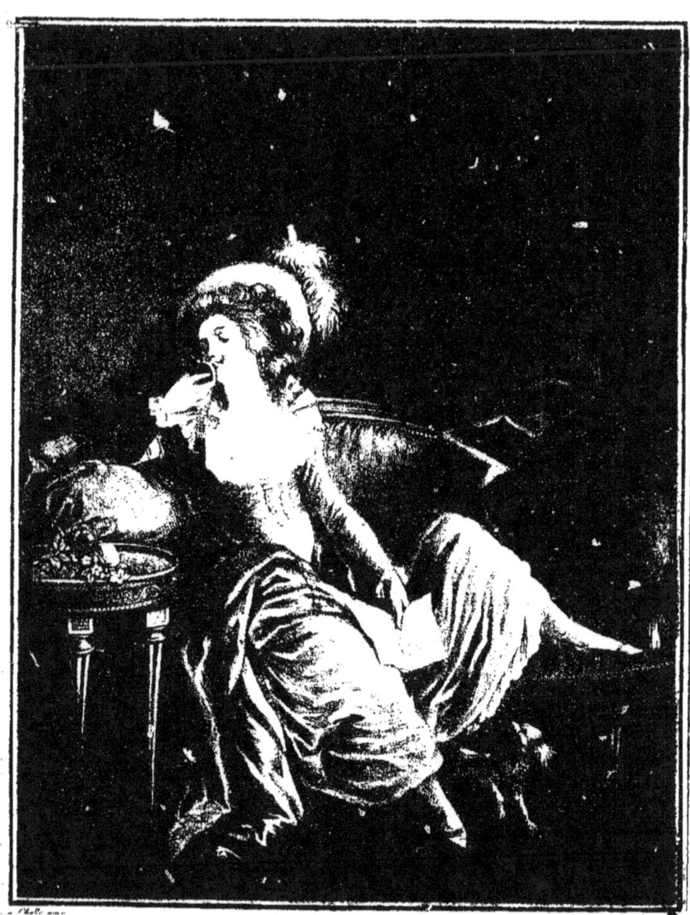

N° 9 du Catalogue

## CHEVAUX (d'après)

11. Chacun son goût, par Bonnet. Belle épreuve, *imprimée en couleurs.*

12. Les Deux Amies — Les Deux Sœurs. Deux pièces par Mote, se faisant pendants. Superbes épreuves, *imprimées en couleurs.*

13. La Dormeuse, par L. M. Bonnet. Très belle épreuve, *imprimée en couleurs.*

14. La Fidélité, par L. M: Bonnet. Superbe épreuve, *imprimée en couleurs.*

15. La Nonchalance, par R. Girard. Très belle épreuve, *tirée en 2 tons.*

16. La même estampe, en même état et condition.

17. L'Oiseau chéri — L'Entreprenant. Deux pièces de forme ovale, par Pilon et M^lle Legrand. Très belles épreuves, *imprimées en couleurs.*

18. L'Oiseau privé, par Mote. Superbe épreuve, *imprimée en couleurs.*

19. La Savonneuse, par Mote. Superbe épreuve, *imprimée en couleurs.*

20. Le Secours urgent — Le Traitre découvert. Deux pièces par Bonnet, se faisant pendants. Superbes épreuves, *imprimées en couleurs.*

21. La Souricière, par Mote. Très belle épreuve, *imprimée en couleurs.*

## DEMARTEAU (Gilles)

22. Buste de jeune Femme, d'après F. Boucher (n° 149), Très belle épreuve, *tirée en 3 tons.*

23. Le Satyre amoureux — Le Satyre refusé (n<sup>os</sup> 542-543).
Deux planches d'apr. Ph. Caresme, se faisant
pendants. Très belles épreuves, *tirées en plu-
sieurs tons.*

24. Pastorale, d'apr. J. B. Huet (n° 583). Epreuve *imprimée en couleurs,* (a été pliée).

25. Pastorale, d'après J. B. Huet (n° 584). Très belle
épreuve, *imprimée en couleurs.*

26. Pastorale, d'aprés J. B. Huet (n° 585). Très belle
épreuve, *imprimée en couleurs.*

26 *bis.* Jeune Femme en buste, d'après J. B. Huet (n°
587). Belle épreuve, *imp. imée en couleurs.*

27. Le Passe-temps agréable, d'apr. J. B. Huet (n° 594).
Superbe épreuve, *imprimée en couleurs.*

28. Pastorale, d'apr. F. Boucher (n° 599). Belle épreuve,
*imprimée en couleurs.*

29. Pastorale, d'apr. F. Boucher (n° 600). Très belle
épreuve, *imprimée en couleur*s.

30. Pastorales aux Amours, d'apr. J. B. Huet (n<sup>os</sup> 603-
606). Suite de quatre pièces. Superbes épreuves,
*imprimées en couleurs.*

31. Grande Pastorale (n° 616), d'apr. J. B. Huet. Très
belle épreuve, *imprimée en couleurs.*

32. Baigneuses, d'apr. J. B. Huet (n° 618). Très belle
épreuve, *imprimée en couleurs.*

33. Bacchanale, d'apr. Le Barbier l'aîné (n° 626). Très
belle épreuve, *imprimée en couleurs.*

## DESRAIS (d'après **C. L.**)

34. Louis XVI accorde une Grâce — Marie-Antoinette et Marie Thérèse Charlotte. Deux pièces gravées sur le même cuivre. Très belles épreuves, *coloriées*.

35. Les Douces promesses, par Bonnet. Très belle épreuve, *imprimée en couleurs*.

36. Jeannot, par Bonnet, 2 sujets gravés sur le même cuivre. Très belle épreuve, *coloriée*.

37. Le Mari galant, par J. M. Mixelle. Superbe épreuve, *imprimée en couleurs*.

38. Le Baiser donné — Le Baiser refusé. Deux pièces par Bonnet, tirées sur le même cuivre. Très belles épreuves, *coloriées*.

39. Le Tartare et la Chambrière — Le Syndic à la promenade. Deux pièces par Patron tirées sur le même cuivre. Très belles épreuves, *coloriées*.

40. La Déclaration d'amour — La Protestation d'amour. Deux pièces par Bonnet, gravées sur le même cuivre. Très belles épreuves, *coloriées*.

41. L'Amour à la Toilette — La Toilette musquée. Deux pl. par Bonnet, gravées sur le même cuivre. Très belles épreuves, *coloriées*.

## DOUBLET (d'après)

42. Ariette de Rosette et Colas, par J. N. Boillet. Superbe épreuve, *imprimée en couleurs*.

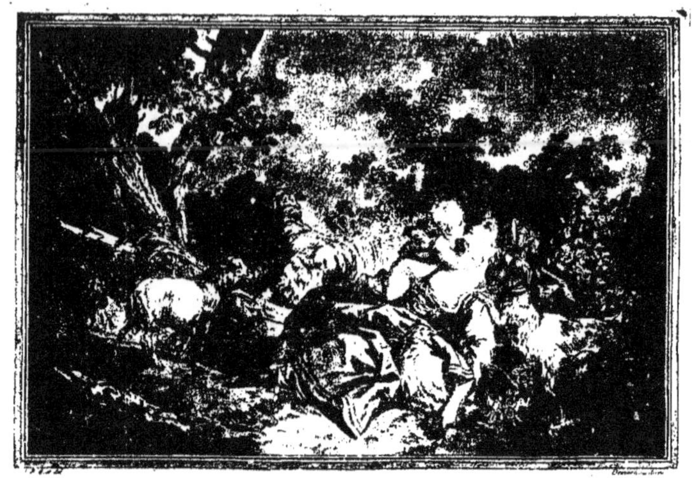

N° 30 du Catalogue

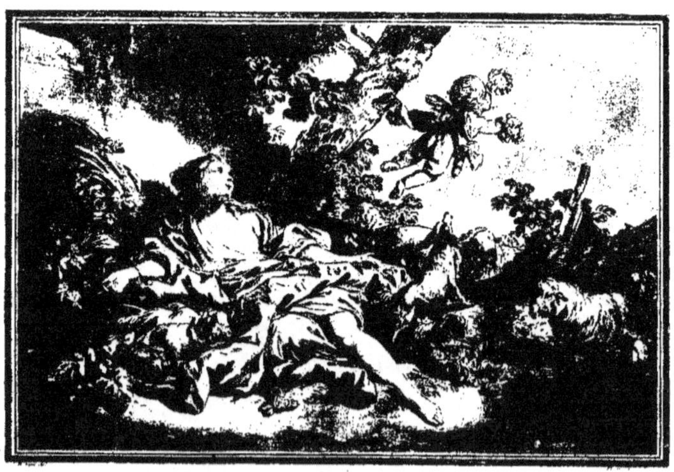

N° 30 du Catalogue

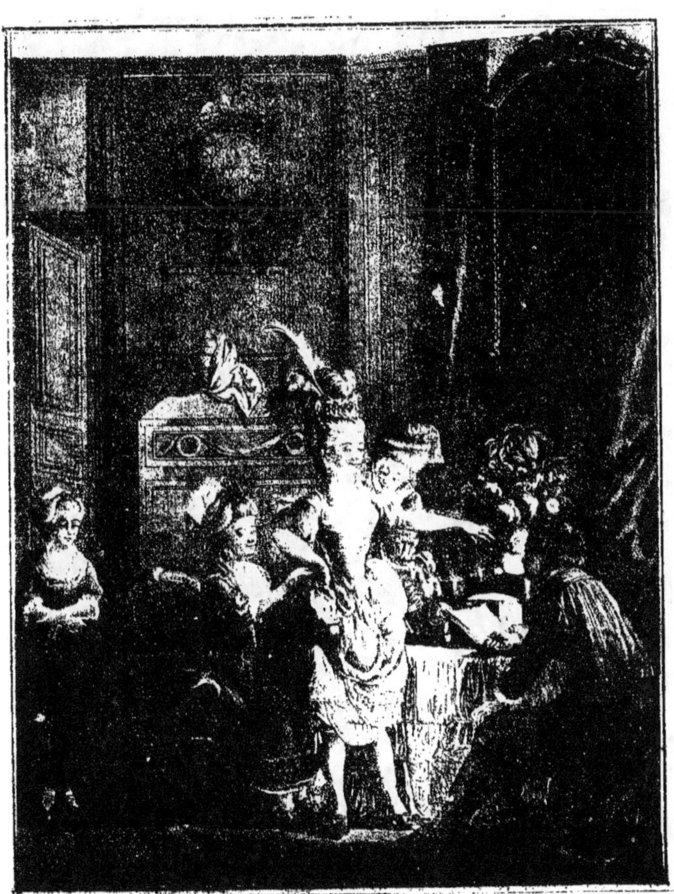

Nᵒ 43 du Catalogue

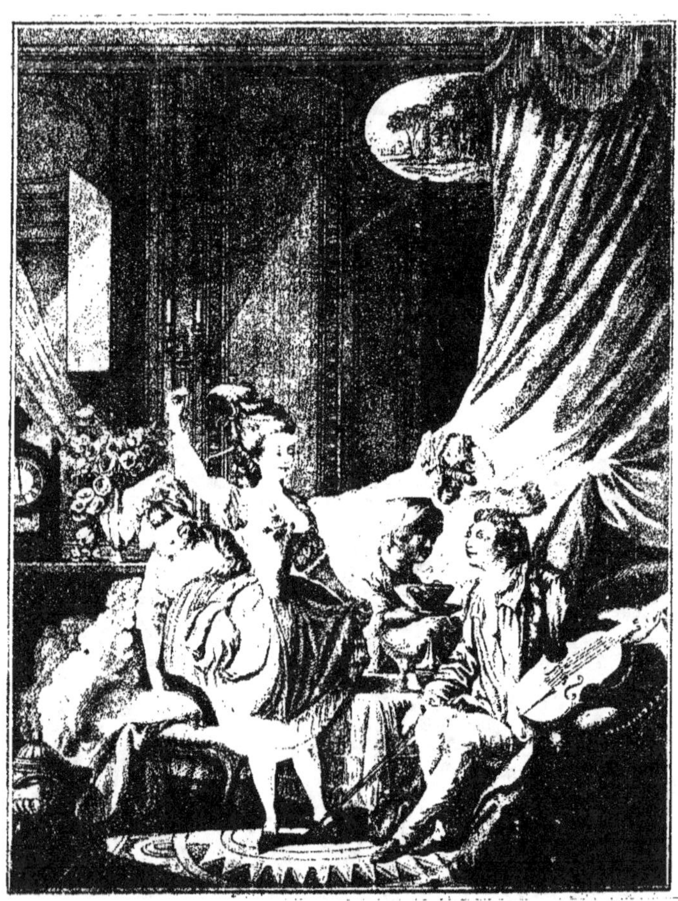

N° 43 du Catalogue

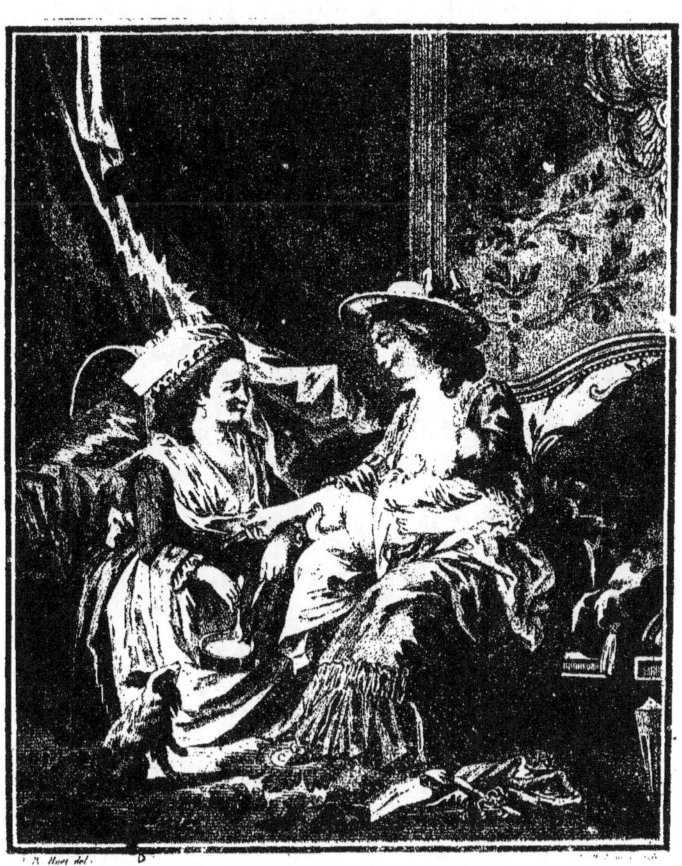

N° 44 du Catalogue

## DU BOIS DE SAINTE MARIE (d'après)

43. L'Auteur favorisé — Le Premier Pas à la Fortune.
Deux pièces par L. M. Bonnet, se faisant pendants. Très belles épreuves, *imprimées en couleurs.*

## HUET (d'après J. B.)

44. L'Accord Maternel — Les Soins Maternels. Deux
pièces par L. M. Bonnet, se faisant pendants.
Superbes épreuves, *imprimées en couleurs.*

45. Alcibiade, ou le Moi, par L. M. Bonnet. Très belle
épreuve, *imprimée en couleurs.*

46. Annette et Lubin, par J. B. Morret. Très belle
épreuve, *imprimée en couleurs.*

47. L'Amant couronné, par B. A. Patron. Superbe
épreuve, *imprimée en couleurs.*

48. La Belle Dormeuse, par L. M. Bonnet. Superbe
épreuve, *imprimée en couleurs.*

49. La Belle Jardinière, par L. M. Bonnet. Très belle
épreuve, *imprimée en couleurs.*

50. Les Belles Vendangeuses — Le Repas des Vendangeuses. Deux pièces par J. A. Léveillé, se faisant
pendants. Très belles épreuves, *imprimées en
couleurs.*

51. Le Berger chéri, par Liger. Superbe épreuve, *tirée
en 3 tons.*

52. La Bergère des Alpes, par J. B. Morret. Superbe
épreuve, *imprimée en couleurs.*

53. La Bergère satisfaite — L'Espoir Heureux. Deux pièces, par L. M. Bonnet, se faisant pendants. Superbes épreuves, *imprimées en couleurs* (petites mouillures).

54. La Bonne Mère — La Mauvaise Mère. Deux pièces, par Bonnet, se faisant pendants. Superbes épreuves, *imprimées en couleurs*.

55. La Brouette, par L. M. Bonnet. Très belle épreuve, *imp. en couleurs*.

56. Le Cerisier, par Jubier. Superbe épreuve, *imprimée en couleurs* (petite cassure).

57. La Conversation, par L. M. Bonnet. Très belle épreuve, *imprimée en couleurs*.

58. Le Départ de Campagne, par Jubier. Belle épreuve, *imprimée en couleurs*.

59. Le Départ d'une Foire, par Jubier. Superbe épreuve, *imprimée en couleurs*.

60. Le Faucon, par L. M. Bonnet. Superbe épreuve, *imprimée en couleurs*.

61. L'Heureux divorce, par L. M. Bonnet. Superbe épreuve, *imprimée en couleurs*.

62. La Main-Chaude — Colin-Maillard. Deux pièces, par L. M. Bonnet, se faisant pendants. Très belles épreuves, *imprimées en couleurs*.

63. La Mort d'Adonis, par Jubier. Très belle épreuve, *imprimée en couleurs*.

64. Offrande à l'Espérance — Offrande à l'Hymen. Deux pièces, par Bonnet et Jubier, se faisant pendants. Superbes épreuves, *imprimées en couleurs*.

65. L'Oiseau Privé, par L. M. Bonnet. Superbe épreuve, *imprimée en couleurs.*

66. Le Pas de Menuet, par L. M. Bonnet. Superbe épreuve, *imprimée en couleurs.*

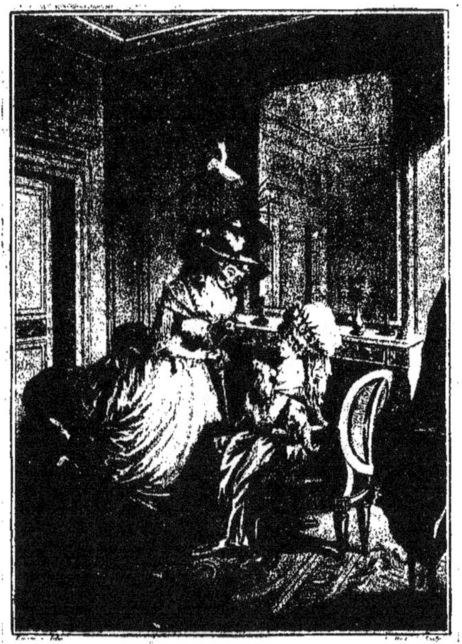

N° 73 du Catalogue

67. La Promesse de Fidélité, par L. M. Bonnet. Très belle épreuve, *imprimée en couleurs.*

68. Pygmalion amoureux de sa Statue, par Jubier. Superbe épreuve, *imprimée en couleurs.*

69. La Recherche des Appas, par Legrand. Très belle épreuve, *imprimée en couleurs.*

70. Sujets mythologiques (n[os] 513 à 516, 529-530, 533 à
    536, 541-542), 12 pièces, par J. A. Léveillé, tirées
    sur 6 feuilles. Très belles épreuves, *coloriées*.

71. Paysages, par Bonnet, 6 motifs sur 3 cuivres. Très
    belles épreuves, *tirées en sanguine*.

## JANINET (J. F.). — LÉVEILLÉ (J. A.)

72. Coiffures de Femmes. Deux pièces montées dans
    leur encadrement gravé. Belles épreuves, *impri-
    mées en couleurs*.

## LAVREINCE (d'après Nic.)

73. Jamais d'accord — Le Serin chéri. Deux pièces,
    par A. Legrand, se faisant pendants (32 et 59).
    Magnifiques épreuves, *imprimées en couleurs*,
    du 1er état, avec *Dnargle* au lieu de Denargle
    (la seconde à toutes marges).

## LE CLERC (d'après)

74. Buste de Femme, par Bertelle. Très belle épreuve,
    *tirée en sanguine*.

## LÉVEILLE (J. Aug.)

75. Jeune Femme en buste, de profil à droite. Superbe
    épreuve, *imprimée en couleurs*. Rare.

## SAINT-AUBIN (d'après Augustin de)

76. Validé ou Sultane Mère, par Mme Lingée. Très
    belle épreuve, *tirée en 2 tons*.

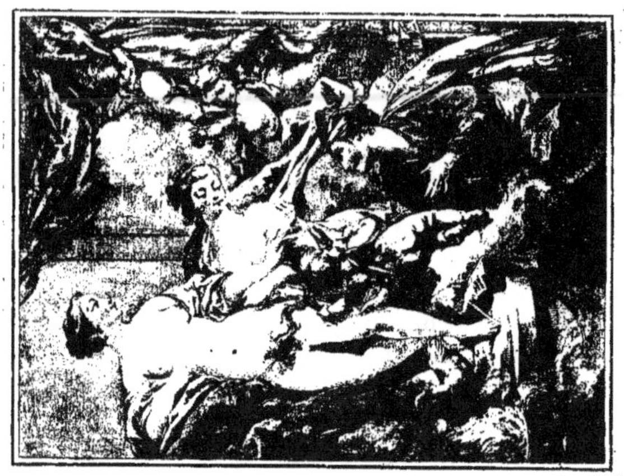

Nº 68 du Catalogue

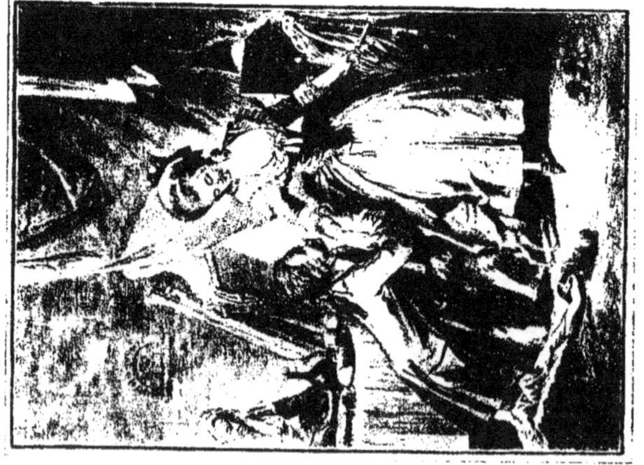

Nº 69 du Catalogue

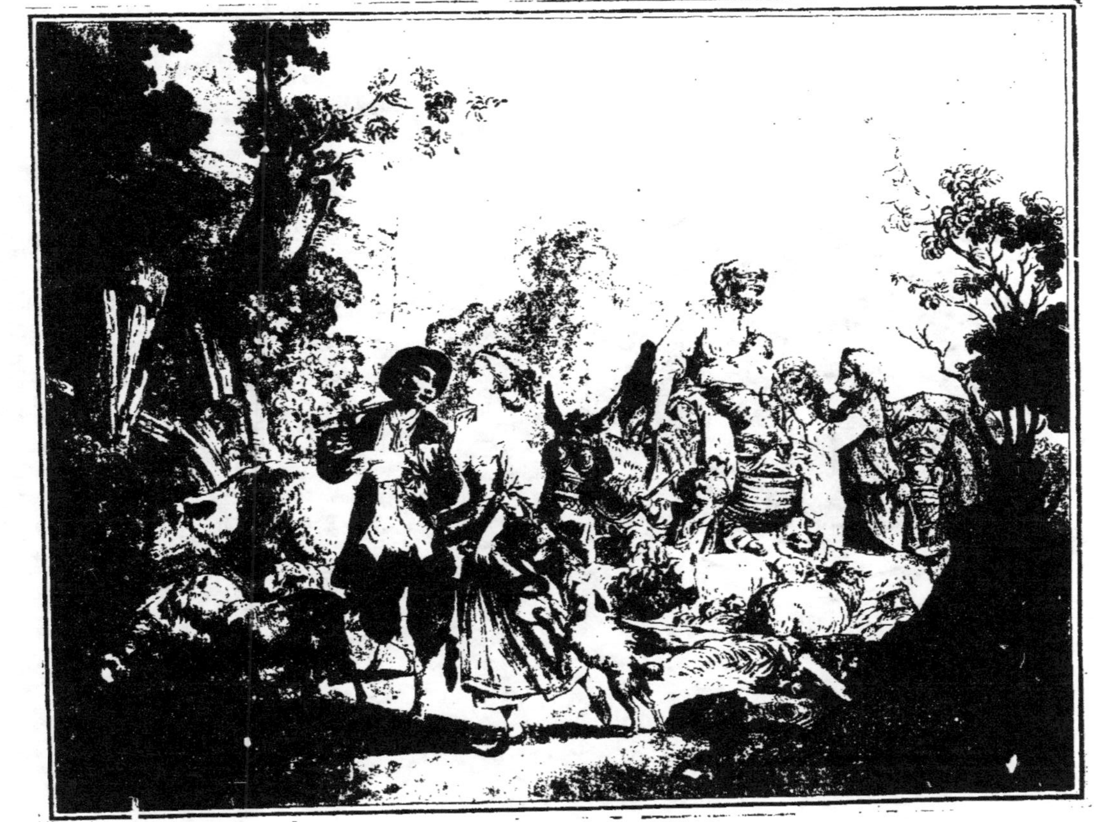

Nº 59 du Catalogue

## SMITH (d'après J. R.)

77. Serena and Flirtilla. De forme ovale. Très belle épreuve, *imprimée en couleurs*.

## VANLOO (d'après C.)

78. Jeune Femme en buste, par Duruisseau (nº 203). Superbe épreuve, *tirée en 2 tons*.

79. Augereau — Kellermann — Fr. de Neufchateau. Trois pièces *coloriées*, publiées par Basset.

80. Marie-Louise, par Prault. Belle épreuve, *imprimée en couleurs*, avec rehauts.

81. Buste de vieille Femme — Le Plaisir des Bonnes Gens — Paysage, etc., 5 pl., *tirées en couleurs* ou en *sanguine*, par Bonnet, Demarteau et M^me Lingée.

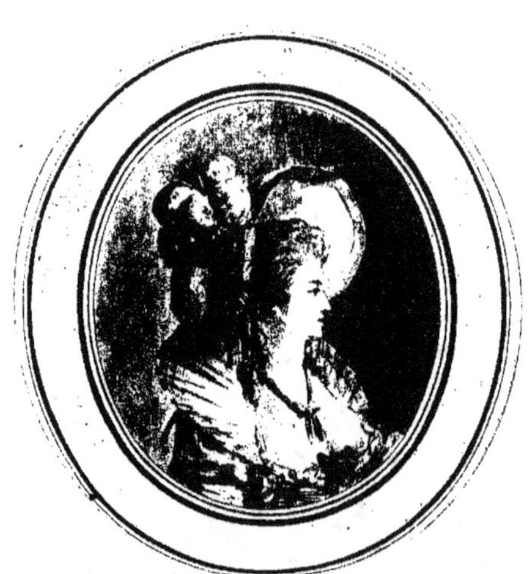

Nº 75 du Catalogue

www.ingramcontent.com/pod-product-compliance
Lightning Source LLC
LaVergne TN
LVHW011003180726
843502LV00007B/2309